Las naciones indígenas de California

Ben Nussbaum

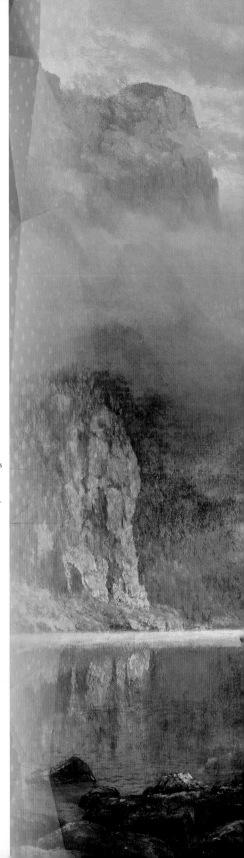

Asesoras

Kristina Jovin, M.A.T.
Distrito Escolar Unificado Alvord
Maestra del Año

Vanessa Ann Gunther, Ph.D.
Departamento de Historia
Universidad Chapman

Créditos de publicación

Rachelle Cracchiolo, M.S.Ed., *Editora comercial*
Conni Medina, M.A.Ed., *Redactora jefa*
Emily R. Smith, M.A.Ed., *Realizadora de la serie*
June Kikuchi, *Directora de contenido*
Caroline Gasca, M.S.Ed., *Editora superior*
Marc Pioch, M.A.Ed., y Susan Daddis, M.A.Ed., *Editores*
Sam Morales, M.A., *Editor asociado*
Courtney Roberson, *Diseñadora gráfica superior*
Jill Malcolm, *Diseñadora gráfica básica*

Créditos de imágenes: portada y pág.1 J.T. Vintage/Bridgeman Images; págs.2–3 Museum of Fine Arts, Houston, Texas, USA/Bridgeman Images; págs.4–5 Butte County Historical Society; pág.5 (superior) cortesía de Phoebe A. Hearst Museum of Anthropology y de Regents of the University of California, fotografía de Alfred L. Kroeber, (nro. de catálogo 15-5698); pág.6 (inferior), contraportada Pomo basket with shell beads, creación de los indígenas pomo, fotografía © cortesía de Fowler Museum en UCLA, fotografía de Don Cole; pág.7 Mark Hallett Paleoart/Science Source; pág.8 Bateau du port de San Francisco [ca. 1815], Voyage pittoresque autour du monde: avec des portraits de sauvages d'Amerique, d'Asie, d'Afrique, et des iles du Grand ocean: des paysages, des vues maritimes, et plusieurs objets d'histoire naturelle: accompagne de descriptions par m. le baron Cuvier, fG420.K84C6.1822 -- Parte 3, Lámina X. Cortesía de The Bancroft Library, University of California, Berkeley; pág.10 Mrs. James V. Rosemeyre; Bakersfield; julio de 1905, C. Hart Merriam collection of Native American photographs [gráfico], BANC PIC 1978.008 Y/24NP2 no.1--PIC. Cortesía de The Bancroft Library, University of California, Berkeley; pág.12 (inferior) fotografía de Daniel Medina; págs.12–13 óleo sobre lienzo atribuido a Ferdinand Deppe, San Gabriel Mission, ca. 1832. 27 x 37 pulgadas, presente de Nancy Dustin Wall Moure. 1994.083. Laguna Art Museum; pág.14 (pipa) Gabrielino steatite pipe, creación de los indígenas gabrielinos, fotografía © cortesía de Fowler Museum en UCLA, fotografía de Don Cole; pág.17 (superior, derecha) David Rumsey Map Collection, www.davidrumsey.com; pág.18 Houses and House-Life of the American Aborigines de Lewis H. Morgan, Department of the Interior, U.S. Geographical and Geological Survey of the Rocky Mountain Region; pág.19 (página entera) Bobbi Onia/ Underwood Archives/Getty Images, (superior, derecha) Library of Congress [LC-USZ62-118769); pág.20 U.S. National Archives and Records Administration; pág.21 Everett Collection Inc/Alamy Stock Photo; pág.24 ilustración de J.R. Browne en Crusoe's Island: A Ramble in the Footsteps of Alexander Selkirk with Sketches of Adventure in California and Washoe de J. Ross Browne; pág.25 cortesía de Phoebe A. Hearst Museum of Anthropology y de Regents of the University of California, fotografía de Alfred L. Kroeber, (nro. de catálogo 15-5797); pág.26 Alfred and Theodora Kroeber sitting on steps of cabin, circa 1927, AL. Kroeber family photographs [gráfico], BANC PIC 1978.128--PIC, Box 1. Cortesía de The Bancroft Library, University of California, Berkeley; pág.27 cortesía de Phoebe A. Hearst Museum of Anthropology y de Regents of the University of California, fotografía de Alfred L. Kroeber, (nro. de catálogo 15-5435); pág.29 Granger, NYC; pág.32 cortesía de Phoebe A. Hearst Museum of Anthropology y de Regents of the University of California, fotografía de Alfred L. Kroeber, (nro. de catálogo 15-5698); todas las demás imágenes cortesía de iStock y/o Shutterstock.

Library of Congress Cataloging-in-Publication Data
Names: Nussbaum, Ben, 1975- author.
Title: Las naciones indigenas de California / Ben Nussbaum.
Other titles: California's Indian nations. Spanish
Description: Huntington Beach : Teacher Created Materials, 2020. | Audience: Grade 4 to 6. | Summary: "Years ago, California Indian tribes spanned the state. But the arrival of new settlers forced them into a struggle for survival. Among these tribes were the Tongva, the Yokuts, and the Yana. Learn how each of these three tribes played a key role in the growth of the state"-- Provided by publisher.
Identifiers: LCCN 2019016021 (print) | LCCN 2019980486 (ebook) | ISBN 9780743912587 (paperback) | ISBN 9780743912594 (ebook)
Subjects: LCSH: Indians of North America--California--History--Juvenile literature. | Gabrielino Indians--History--Juvenile literature. | Yokuts Indians--History--Juvenile literature. | Yana Indians--History--Juvenile literature.
Classification: LCC E78.C15 N8718 2020 (print) | LCC E78.C15 (ebook) | DDC 979.4004/97--dc23
LC record available at https://lccn.loc.gov/2019016021
LC ebook record available at https://lccn.loc.gov/2019980486

Teacher Created Materials
5301 Oceanus Drive
Huntington Beach, CA 92649-1030
www.tcmpub.com
ISBN 978-0-7439-1258-7
© 2020 Teacher Created Materials, Inc.

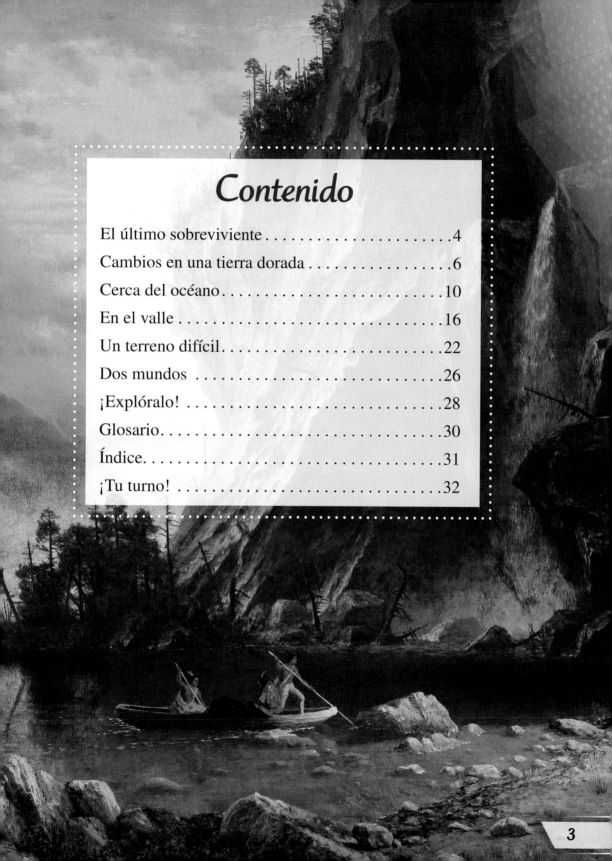

Contenido

El último sobreviviente

En 1911, California se estaba convirtiendo en un estado moderno. Los carros comenzaban a reemplazar a los caballos. Los teléfonos y la electricidad se abrían camino en los hogares.

En la ciudad de Oroville, California, el alguacil local recibió una llamada. Habían atrapado a un hombre hambriento mientras robaba carne. El hombre hablaba una lengua que nadie conocía. Tenía agujeros en las orejas de los que colgaban tiras de cuero. Una pieza de madera le perforaba la nariz. Vestía un **taparrabos** de piel de oso.

Los periódicos difundieron la noticia de este hombre extraño. Finalmente, los estudiosos descubrieron que hablaba la lengua de los yahis. Los yahis eran parte de la tribu yana. Nadie hablaba esa lengua en el pueblo. De hecho, no se encontraron otros miembros de su tribu con vida.

Las tribus actuales

Hoy en día, hay muchas tribus indígenas activas en todo el mundo. Continúan luchando por la igualdad de derechos. No todas las tribus han podido proteger sus tierras **ancestrales**. De todos modos, siguen respetando sus culturas y formas de vida.

Civismo

Oroville, California

Este hombre, Ishi, se hizo famoso. Los periodistas lo apodaron "el último indígena estadounidense sin domar". Había pasado toda su vida en las colinas, viviendo de la misma manera en que lo habían hecho sus antepasados durante miles de años. Ahora, se encontraba en una sociedad moderna. En cierta forma, Ishi era el último capítulo en un libro muy valioso sobre los yanas.

Ishi demuestra cómo usar el arco y la flecha.

Un nombre perdido

En la cultura yahi, las personas no decían su nombre en voz alta. Aunque era el último de su tribu, Ishi respetó este **tabú**. La gente le decía "Ishi" porque significa "hombre" en la lengua yahi.

Cambios en una tierra dorada

Hace unos 14,000 años, llegaron los primeros seres humanos a lo que hoy es California. ¡Era un lugar muy diferente entonces!

Dos animales parecidos al elefante, el mamut lanudo y el mastodonte, recorrían el terreno en manadas. El perezoso gigante arrancaba hojas de los árboles. El camello masticaba pasto.

Las personas cazaban estos animales y los comían. Pero algunos de estos animales enormes **se extinguieron** al poco tiempo. Los primeros californianos tuvieron que buscar nuevas formas de sobrevivir. Las tribus se mudaron a lugares nuevos en busca de comida. Difundieron sus culturas a medida que se desplazaban.

Por suerte, estas culturas no se perdieron. Antes de la llegada de los españoles, los indígenas norteamericanos no leían ni escribían. Por lo tanto, no hay registros escritos de las tribus primitivas. Pero los historiadores han estudiado los objetos que dejaron. Estas **fuentes primarias** dan pistas sobre cómo vivían las tribus.

Los huesos de los animales muestran lo que comían. Los sitios de entierro dan información sobre sus creencias. Las cestas reflejan su vida cotidiana. Todos estos elementos hablan de los pueblos del pasado.

Las cestas de tejido compacto como esta podían llenarse de agua.

Una competencia feroz

La fuente de alimento de las tribus primitivas eran animales enormes. Pero estos animales también eran el alimento de otros depredadores, como el felino dientes de sable y el lobo gigante. Las tribus primitivas no solo tenían que vencer a sus presas, sino también a otros depredadores.

Caza de alta tecnología

Los indígenas de California usaban distintas armas para cazar. Un arma común era el *atlatl*. Este dispositivo servía para arrojar lanzas. El *atlatl* era un arma muy avanzada. Permitía a los seres humanos cazar desde lejos en lugar de tener que atacar a los animales de cerca.

Se han encontrado huesos de mamut lanudo y de otros animales en pozos de alquitrán de California.

No todos los indígenas californianos vivían de la misma manera. Imagina una tribu que vivía en una llanura cerca del océano. Un día, algunos de sus miembros se mudaron a las colinas. Las plantas y los animales no eran iguales a los que comían antes. El aire era más fresco. En las colinas tuvieron que aprender nuevas formas de vivir. Crearon nuevas palabras para describir su vida.

Ahora, imagina que han pasado miles de años. Los dos grupos han desarrollado diferentes costumbres. Lo que comenzó como una tribu se convirtió en dos tribus diferentes. Así es como los indígenas californianos se volvieron tan variados.

Los exploradores españoles llegaron a la región en 1769. Ya vivían allí alrededor de 300,000 indígenas californianos. Pero no eran un solo grupo. Formaban muchas tribus. En algunas áreas, vivían cuatro o cinco tribus a un día de distancia a pie unas de otras. En otras áreas, las tribus podían pasar años sin ver a alguien de otra tribu. Cada tribu tenía su propia forma de vida. ¡Estas diferencias aportaban una gran **diversidad** a California!

indígenas en el puerto de
San Francisco, dibujo, 1815

Territorios tribales

Tolowa
Karok · Shasta · Modoc
Yurok
Chilula · Hupa · Achumawi
Whilkut · Chimariko
Wikot · Wintu · Atsugewi · Paiute del norte
Nongatl
Mattole · Yana
Sinkyone · Lassik · Maidu
Wailaki · Nomlaki
Cahto · Yuki
Yuki de la costa · Konkow
Huchnom
Pomo · Patwin · Nisenan
Lago Miwok
Washo
Wappo
Miwok de la costa · Paiute del norte
Miwok
Yokut del valle del norte
Costano · Paiute-Shoshone
Monache
Yokut del pie de la colina
Shoshone del oeste
Esselen
Yokut del valle del sur · Tubatulabals · Paiute del sur
Salinero · Kawaiisu
Kitanemuk · Mojave
Chumash · Serrano · Chemehuevi
Tataviam
Chumash · Tongva
Cahuilla · Halchidhoma
Luiseño · Cupeno
Tongva · Ipai · Quechan
Tipai

¿Qué dices?

Algunos historiadores creen que había casi cien lenguas en California antes de que llegaran los colonos. Y había muchos más **dialectos**. ¡Variaban tanto que a los miembros de la misma tribu les podía costar hablar entre ellos!

Cerca del océano

Nadie sabe cómo se llamaban a sí mismos los primeros indígenas californianos del área de Los Ángeles. La mayoría de los expertos creen que su nombre era *tongva*. Algunos creen que era *kizh*.

Los tongvas eran expertos en el océano. Las canoas eran centrales en su vida. Hoy en día, los historiadores estudian las canoas tongvas para aprender más sobre la tribu. Todas las canoas tongvas se construían de la misma manera. El primer paso era seleccionar troncos que flotaban a la deriva y dejarlos secar. Luego, los tongvas hacían tablones. Usaban huesos de ballena o cornamentas para cortar la madera. Unían los tablones con soga. Luego, revestían la canoa para hacerla **impermeable**.

Como los tongvas dependían mucho del mar, siempre vivieron cerca del océano. La mayor parte de la tribu vivía en la actual Los Ángeles. Algunos viajaron a las islas del Canal que están frente a la costa del sur de California.

Narcisa Higuera fue una de las últimas tongvas que hablaban la lengua. Aportó mucha información sobre la cultura de su tribu.

Zorros isleños

Los zorros viven en seis de las ocho islas del Canal (que se muestran abajo). Los historiadores creen que las tribus indígenas norteamericanas llevaron zorros a las islas del sur hace miles de años. Es posible que las tribus lo hayan hecho por su pelaje. Otras tribus pueden haberlos criado como mascotas.

Geografía

Recursos

Los tongvas usaban en sus canoas una sustancia similar al alquitrán llamada *brea*. Se usa como pegamento y sirve para impermeabilizar las cosas. Todavía hay brea. Es el alquitrán que aparece en las playas. Aunque ahora puede ser una molestia, hace cientos de años, tenía mucho valor para los tongvas.

Geografía

En 1771, los sacerdotes españoles comenzaron a llamar *gabrielinos* a las tribus locales. Ese año, construyeron una misión en Los Ángeles. La llamaron misión de San Gabriel Arcángel. Los sacerdotes querían usar la misión para **convertir** a los indígenas de la zona. Entre ellos, estaban los tongvas. Los sacerdotes querían cambiar el modo de vida de los tongvas. Los hacían trabajar en las granjas de la misión. También les daban alimentos españoles. Los sacerdotes pensaban que eran buenas maneras de lograr que las tribus adoptaran las costumbres españolas.

Guerrera

Toypurina era una **chamana** de los tongvas. Lideró una rebelión contra la misión de San Gabriel Arcángel en 1785, pero la rebelión fracasó. Cuando los sacerdotes le pidieron que contara su lado de la historia, pateó un banquillo. Fue **exiliada** y enviada a otra misión.

Algunos tongvas se quedaron en la misión. Otros intentaron huir. Pero los soldados españoles los obligaron a regresar. Azotaron a algunos de ellos para mostrar al resto de la tribu lo que sucedería si ellos también intentaban escapar. La vida en las misiones expuso a los tongvas a nuevas enfermedades que mataron a muchos. Había cerca de 5,000 tongvas cuando se construyó la misión. Al cabo de algunas décadas, el número **se desplomó**.

Cuidar del ganado

La misión de San Gabriel Arcángel tenía manadas enormes de animales. En su **apogeo**, había 25,000 vacas y casi el mismo número de ovejas. ¡Los tongvas y otras tribus indígenas tenían que mantener saludables a todos esos animales!

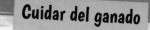

misión de San Gabriel Arcángel

Antes de la llegada de los españoles, los tongvas intercambiaban caracolas y pescado. También intercambiaban esteatita. La esteatita es una piedra blanda que puede tallarse para hacer tazones y recipientes. La tribu prosperó. Después de la vida en la misión, los tongvas cambiaron. Muchos murieron o huyeron. Otros se convirtieron al cristianismo. Ya no querían seguir siendo parte de la tribu tradicional. Como resultado, las costumbres de los tongvas estuvieron a punto de perderse.

Hoy en día, los tongvas que sobreviven están tratando de reconstruir la tribu. Diferentes grupos quieren liderarla. Los miembros de cada grupo creen que saben lo que es mejor para el futuro de la tribu. Pero tienen dificultades para ponerse de acuerdo.

California reconoce a los tongvas como una tribu, pero el gobierno de Estados Unidos no. Hay mucho trabajo por hacer para cambiar esto. Si los reconocen, los tongvas recibirán beneficios valiosos. Se fortalecerán. Podrían volver a prosperar. Hasta entonces, la tribu tongva debe continuar trabajando para mantener viva su cultura.

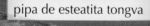

pipa de esteatita tongva

Un té peligroso

Los tongvas tenían un ritual religioso que se extendió por toda la zona. Consistía en beber té hecho de estramonio venenoso. ¡Si el té era demasiado fuerte, podía matar a quien lo bebiera!

estramonio

Hoy en día, la misión de San Gabriel Arcángel se utiliza como iglesia y escuela.

¡Escuchen!

Pamela Munro es profesora de la Universidad de California, en Los Ángeles. Ayudó al pueblo tongva. Publicó grabaciones de sí misma hablando la lengua de la tribu. ¡Puedes conectarte a internet y escuchar el tongva!

En el valle

Al igual que la cuenca de Los Ángeles, el Valle Central de California es **fértil** y llano. Hoy en día, el valle está ocupado en su mayoría por tierras de cultivo. Los campos se extienden hasta el horizonte. Pero hace cientos de años, era un lugar silvestre. Había ríos y arroyos llenos de peces. Las almejas cubrían el fondo de los lagos. Ciervos, uapitís y berrendos vivían cerca de pantanos enormes.

Los yokuts vivían en esta tierra silvestre. Los historiadores creen que había entre 50,000 y 70,000 yokuts. En realidad, eran un grupo de hasta 50 tribus más pequeñas. *Yokuts* significa "personas". El nombre es apropiado, ya que representaba a muchas personas.

Los españoles llamaban *tulareños* a los yokuts, por los **tules** que poblaban el valle. Estas plantas eran fundamentales para los yokuts.

El uapití de tule

Los historiadores creen que California puede haber albergado hasta medio millón de uapitís de tule a fines del siglo XVIII. Un siglo después, quedaban unos pocos. Muchas personas intentaron salvar a este animal de la extinción. Su esfuerzo dio frutos. Ahora hay manadas de uapitís de tule en muchos parques estatales de California.

lago Tulare, 1873

Un lago fantasma

El lago Tulare estaba en el centro del territorio de los yokuts. Tenía más del doble del tamaño de la ciudad de Nueva York. Pero en la década de 1930, sus arroyos y ríos se usaron para la **irrigación** y el agua potable. El lago se secó y ya no existe.

Geografía

Una manada de uapitís de tule pasta en un valle.

Los yokuts comían las raíces de los tules. Usaban los tules para hacer ropa y los muros de sus casas. Ataban manojos de esta caña flotante para construir balsas y canoas. Las canoas no duraban mucho, pero eran fáciles de hacer.

Los yokuts eran famosos por sus hermosas cestas. Usaban tules y otros materiales para hacer muchos tipos de cestas. Unas se usaban para recolectar bayas. Otras podían usarse para recoger bellotas. Otras se usaban específicamente para **ahechar** cereales. Una cesta parecida a una bandeja se usaba en un juego que jugaban las mujeres yokuts. Algunas cestas eran impermeables y se podían usar para hacer sopa. Los yokuts incluso transportaban a los niños por el río dentro de cestas grandes.

viviendas de tule en 1877

Cestas costosas

Si quieres comprar cestas yokuts antiguas, tendrás que comenzar a ahorrar. Por lo general, cuestan miles de dólares.

Economía

Esta fotografía muestra a dos indígenas de California en una canoa de tule.

Hazlo tú mismo

¿Tienes ganas de construir un bote? Hay muchos cursos en California que enseñan a hacer canoas de tule. Si colaboran suficientes personas, se puede hacer una canoa en tan solo unas horas.

Al igual que la tribu tongva en el sur, muchos yokuts vivían en misiones. Algunos yokuts huyeron. Otros querían luchar. Un yokut lideró la **revuelta** más exitosa. Se llamaba Estanislao.

Estanislao huyó de la misión de San José cerca de 1828. Más tarde, ese mismo año, regresó con cientos de indígenas de la zona. Se escondieron en los abundantes arbustos y atacaron a los soldados españoles. Cuando la noticia de su triunfo se difundió, se sumaron más indígenas. En pocos meses, logró el apoyo de casi mil personas. Estanislao nunca fue capturado. Después de un año de luchar contra los soldados españoles, se refugió en otra misión. Un sacerdote lo perdonó y le permitió quedarse allí.

Esta carta revela que el Senado de Estados Unidos rechazó los tratados en secreto.

Tierras perdidas

Hoy en día, menos del uno por ciento del estado se destina a tierras tribales. Los tratados se escribieron en 1852. Se suponía que otorgarían millones de acres de tierra a las tribus de California. Pero el Senado de Estados Unidos rechazó los tratados.

Civismo

G   Washington, D C, S

Mr C E KELSEY,
    69-70 Auzerais Building,
        San Jose, California.

Dear Sir:
        After a most thorough search I have located the Indian
treaties concerning which we have corresponded. I find that on June 7,
1852,President Fillmore sent to the Senate 18 treaties with Indian
tribes in California. (p 390 Ex Journal) On June 27,1852,the treaties
were referred to the Senate Committee on Indian Affairs,and ordered
printed in confidence for the use of the Senate. On June 28,1852
they were reported without amendment. July 2,1852,the Senate rejected
the treaties.
        I am unable to find that the order of secrecy has been re-
scinded, and they are on file among the executive papers of the
Senate. Under the circumstances it is impossible to obtain copies
of these treaties.   This I very much regret.

                    Yours truly,

                                        Private Secretary.

Los yokuts lucharon contra los españoles, pero no pudieron luchar contra las enfermedades. Las enfermedades mataron a muchos yokuts. La minería del oro también causó problemas a la tribu. El proceso de la minería **contaminó** pantanos y lagos. Los pocos yokuts que quedaban lucharon por sobrevivir.

En los últimos años, los yokuts se han fortalecido. Hoy en día, hay unos 4,000 yokuts en el estado. Están creando un nuevo papel para su tribu en el valle que ha sido su hogar durante miles de años.

Homenaje a un rebelde

Estanislao fue un líder yokut. El condado de Stanislaus se llama así en su honor. El condado está en el centro del territorio yokut. El río Stanislaus también se llama así en su honor. Corre desde las montañas hasta el río San Joaquín.

Un curandero ayuda a un paciente enfermo.

Un terreno difícil

Al norte de las tribus tongva y yokut vivía la tribu yana. La tierra que rodeaba el monte Lassen en el norte de California era su hogar. La región está llena de valles profundos y **gargantas** empinadas.

La vida en las montañas puede ser difícil. Con pocos recursos, los yanas dependían de dos tipos de frutos secos para sobrevivir: la bellota y el fruto del falso castaño. La mayoría de los años, se podía recoger bellotas con facilidad. Servían para preparar comidas saludables y sustanciosas. Y lo mejor de todo, se podían almacenar para alimentarse durante los meses de invierno.

Los yanas también usaban el fruto del falso castaño. Este fruto puede ser venenoso. Los yanas ponían el veneno del fruto en lagunas pequeñas. Los peces que vivían en el agua quedaban aturdidos y eran más fáciles de atrapar. La tribu yana podía vivir de peces y bellotas todo el año.

monte Lassen

Estos agujeros se usaban para moler las bellotas y hacer harina.

Preparar bellotas

Para comer las bellotas, los yanas separaban las nueces de la cáscara. Luego, molían las nueces para hacer harina. Tamizaban la harina para hacerla menos amarga. Por último, cocinaban la harina y la comían. Preparar bellotas era un proceso que llevaba mucho tiempo.

Gelatina de bellota

Hoy en día, las bellotas son populares en muchos países asiáticos. La harina de bellota se puede conseguir en las tiendas de comestibles de Asia. Se usa para hacer un plato llamado *gelatina de bellota*. La gelatina de bellota es popular en Corea del Sur.

Durante muchos años, los colonos no molestaron a la tribu yana. Las personas que vivían cerca no valoraban la tierra de los yanas porque había muchas rocas. Luego, comenzó la fiebre del oro. Muchos colonos se instalaron en la tierra de los yanas con la esperanza de hacerse ricos.

Los yanas lucharon para defender su hogar. Eran un pueblo feroz y temido por muchas otras tribus. Pero los colonos eran **despiadados**. Un día, en 1867, los colonos mataron a 33 yanas. Los cuerpos quedaron en el suelo. No quedaban suficientes yanas en la tribu para enterrar a los muertos.

Un grupo de colonos ataca a indígenas californianos.

La tierra que rodea al monte Lassen es escarpada y rocosa.

Los indígenas, desamparados

Los líderes de California maltrataron a las tribus indígenas. A medida que llegaron más colonos, no se hizo nada para mantenerlas a salvo. No había leyes que castigaran a quienes mataban a los indígenas.

En unos 40 años, el número de yanas en el estado pasó de casi 2,000 a algunas decenas. Los últimos yanas se escondieron en las colinas durante años. Entre ellos estaba Ishi, el indígena californiano encontrado en Oroville en 1911. Él sobrevivió a las **masacres** cuando era un niño. Ishi vio morir a sus amigos y familiares a lo largo de los años. La tribu yana se redujo. Al final, solo quedó Ishi.

Una lengua única

La lengua yana era diferente de la mayoría de las otras lenguas. Los hombres y las mujeres usaban diferentes palabras para nombrar lo mismo. Por ejemplo, las mujeres usaban *ha* para el agua y los hombres, *hana*.

Ishi hace un arco.

Dos mundos

Cuando Ishi bajó de las colinas, el mundo había cambiado. Las personas lo trataron mejor de lo que habían tratado a su tribu en el pasado. Ishi les enseñó a los estudiosos sobre su tribu. Les mostró a las personas cómo cazaba y cómo hacía flechas. Compartió sus canciones. Se sigue estudiando a Ishi hoy en día.

La muerte de Ishi en 1916 cerró un capítulo en la historia del estado. Ya no quedan yanas. Muchos otros grupos indígenas también han desaparecido. Las tradiciones se han perdido.

Sin embargo, se están creando nuevas tradiciones. Más de 600,000 indígenas californianos viven en el estado ahora. Ningún estado tiene una población indígena tan alta. Sus comunidades son cada vez más fuertes. Trabajan para mantener vivos su cultura y su pasado. También trabajan para ser una parte importante del futuro del estado.

Theodora y Alfred Kroeber

Información tribal

Mucho de lo que se sabe sobre los indígenas californianos se debe a la familia Kroeber. Ellos estudiaron a todas las tribus. Los Kroeber escribieron muchos libros sobre lo que aprendieron. Su libro más importante se publicó en 1925: *Handbook of the Indians of California*. Aunque es antiguo, muchos estudiosos todavía lo usan.

Ishi vestido con ropa occidental

¿El último qué?

Durante generaciones, las personas llamaron a Ishi "el último yahi". Según estudios recientes, probablemente era solamente mitad yahi. Se cree que su padre era de una tribu diferente. Pero cuando Ishi nació, los indígenas estadounidenses se habían unido para ayudarse a sobrevivir.

¡Explóralo!

Los indígenas de California sabían aprovechar muy bien lo que encontraban en la naturaleza. Algunas tribus hacían anzuelos con caracolas. Otras hacían dados con nueces. Algunos incluso hacían silbatos con huesos de aves.

Sal y trata de encontrar algo en la naturaleza que pueda ayudarte a sobrevivir. ¿Hay un palo que pueda ayudarte a pescar o plantas que podrías convertir en una soga? ¿Qué podrías usar para hacer arte?

Encuentra algo que quieras usar y experimenta con eso. ¿Qué pasa si lo mojas? ¿Y si lo dejas al sol? ¿Cómo cambia? Muestra tu producto terminado a amigos y familiares. Pregúntales de qué forma se puede mejorar tu creación. Luego, pon en práctica sus comentarios. ¿Tus cambios mejoraron o empeoraron el producto? Siguiendo estos pasos, crea dos cosas que te hubieran ayudado a sobrevivir como un indígena de California.

lanza con punta de flecha

flauta de hueso

plato de caracola

hoja de
cuchillo con mango
de madera y brea

Glosario

ahechar: quitar las partes no deseadas de un cereal, una semilla o una nuez

ancestrales: que pertenecían a los miembros de una familia en el pasado

apogeo: el punto más importante

chamana: alguien que las personas creen capaz de curar a los enfermos

contaminó: ensució la tierra, el agua o el aire y los volvió poco seguros para su uso

convertir: hacer cambiar de religión o creencia

despiadados: que no tienen piedad ni compasión

dialectos: diferentes versiones de una lengua que se hablan en áreas específicas

diversidad: una gran cantidad de cosas diferentes

exiliada: obligada a irse de su país

fértil: capaz de sustentar el crecimiento de muchas plantas

fuentes primarias: relatos de primera mano de un suceso; documentos o artefactos creados durante la época que se estudia

gargantas: lugares profundos y estrechos entre montañas o colinas

impermeable: que no permite que pase el agua

irrigación: la acción de regar la tierra con agua tomada de arroyos, ríos o lagos

masacres: asesinatos violentos de muchas personas

revuelta: un intento de poner fin a la autoridad de alguien

se desplomó: cayó o bajó mucho

se extinguieron: dejaron de existir

tabú: algo que la sociedad prohíbe

taparrabos: una tela que cubre la cadera

tules: plantas altas parecidas a cañas que crecen en zonas pantanosas

Índice

¡Tu turno!

Lee sobre el tema

Imagina que eres un periodista de la época en la que el alguacil recibió la noticia de Ishi. Te han asignado para que cubras la historia. Escribe un artículo periodístico sobre cómo lo encontraron. Entrevista al alguacil y a otros habitantes del pueblo. Investiga cómo ha hecho Ishi para sobrevivir por su cuenta. ¿Qué harán el alguacil y los habitantes del pueblo para ayudarlo? ¿Cuál será su futuro? Asegúrate de incluir un titular.